Kôshô Uchiyama

Die moderne Zivilisation und Zen

Angkor Verlag

Die Moderne Zivilisation und Zen./Uchiyama, Kôshô. –
Frankfurt am Main: Angkor Verlag 2022.

Deutsch von Tarô Yamada.

www.angkor-verlag.de

Printed in Germany

ISBN: 978-3-943839-86-9
E-Book: 978-3-943839-87-6

Inhalt

Das moderne Zeitalter hat keine Richtung

Ein komischer Kauz namens Hachikô wollte lernen, auf einem Pferd zu reiten. Das Pferd merkte jedoch instinktiv, dass der Reiter schlecht reiten konnte. Als sie auf einer belebten Straße an einem Lebensmittelgeschäft vorbeikamen, blieb das Pferd stehen und begann, sich an einigen Gemüsesorten zu bedienen, ohne Anzeichen zum Weitergehen zu geben. Der wütende Händler schlug es mit einem Stock auf den Hintern. Da bäumte sich das Pferd auf und rannte im Galopp die Straße hinunter. Der Reiter, Hachikô, hielt sich an der Mähne des Pferdes fest und versuchte, sich nicht erschüttern zu lassen. Als Hachikôs Freund zufällig die gleiche Straße entlangging, rief er beim Anblick von Hachikôs verzweifelten Bemühungen: „Hey, Hachikô! Wo willst du denn hin?"

„Ich weiß nicht ... frag das Pferd", kam die Antwort.

Fragen Sie das Pferd!

Dies ist eine dumme Anekdote, aber ich habe sie hier wiederholt, um die Ähnlichkeit zwischen uns und Hachikô zu zeigen.

„Hey, Menschheit! Effizienz! Effizienz!", sagen sie. Wenn ihr die Effizienz erhöht, wo in aller Welt geht ihr dann hin?

„Ich weiß es nicht, fragen Sie die Maschinen", lautet die Antwort.

„Hey, ihr modernen Menschen, ihr habt Freude an eurem kultivierten Leben, aber wohin soll euer Leben führen?"

„Ich weiß es nicht. Fragen Sie diese Kultur selbst."

„Hey, Menschheit! Warum baut ihr H-Bomben und Lenkraketen?" „Ich weiß es nicht. Aber irgendwie scheinen wir in diesen

Plan zur Vernichtung der Menschheit hineingefallen zu sein.“

Mit anderen Worten, wir modernen Menschen sind genau wie der arme, ungebildete Hachikô, der sich verzweifelt auf das galoppierende Pferd stützt. Wir greifen nach dem wissenschaftlichen und technologischen Fortschritt, haben aber nicht die Macht, ihn zu kontrollieren. Dementsprechend ist weder das Ziel noch die Richtung, in die wir gehen sollen, klar. Das ist unser heutiges Zeitalter. Apropos Richtung: In der Vergangenheit haben wir sie gefunden, indem wir uns vor Gott verneigt haben. Ein guter Aspekt dieser Haltung ist, dass sie unserem Leben großen Frieden verleiht. Aber es gibt auch einen Mangel. Da wir Gott weder mit den Augen sehen noch mit den Händen berühren können, wissen wir nur, was über ihn gepredigt wird. Man sagt, dass diese Predigt eine göttliche Offenbarung ist. Meiner Meinung nach ist das ein Mythos. Die Haltung, die darin besteht, sich vor einem Gott zu verneigen, um Orientierung zu finden, bedeutet in Wirklichkeit, sich von einem

Mythos leiten zu lassen. Die meisten Kriege des Altertums wurden durch Orakel und Offenbarungen ihrer jeweiligen Götter gefördert; sie waren Kriege von einem Mythos gegen einen anderen.

Dank hoch entwickelter weltweiter Kommunikationsmittel sind viele dieser so genannten mythischen Religionen heute für uns erreichbar. Und da verschiedene Produkte, die sich Götter nennen, auf dem Markt sind, ist es unwahrscheinlich, dass wir eine von ihnen als absolut betrachten. So kommt es zumindest in den zivilisierten Ländern nicht mehr zu Kriegen im Namen Gottes. Wir haben die Art von Leidenschaft verloren, die Kriege im Namen Gottes rechtfertigt. Selbst unter gläubigen Christen, die glauben, dass ihr Gott das Universum erschaffen hat, gibt es fast niemanden, der das Buch Genesis wörtlich auslegen würde. Für uns moderne Menschen ist eine solche mythische Kosmogonie durch ein wissenschaftliches Konzept der Schöpfung ersetzt worden. Es ist unmöglich geworden, an eine mythische Kosmogonie zu glauben, ohne die wissenschaftliche zu berücksichtigen.

Jetzt, wo ein wissenschaftliches Weltbild das alte mythologische abgelöst hat und alte Lehren nicht mehr so naiv akzeptiert werden wie früher, sind die Gründe für den Glauben an die Existenz Gottes sehr schwach geworden. Gleichzeitig ist die Haltung, sich vor Gott niederzuwerfen, verschwunden und damit auch die Antworten auf die Fragen: „Was steht uns auf dem menschlichen Weg bevor?" und „Was ist das Wichtigste in unserem Leben?" Hier liegt die wesentliche Frage für uns heute.

Effizienz! Effizienz, sagen wir. Wenn wir die Effizienz steigern und unsere großartige moderne Zivilisation verbessern, als Individuen und als Menschheit, wo sollen wir uns dann eigentlich niederlassen? Es mag einige unbedachte Menschen geben, die wissenschaftlichen Fortschritt mit echtem menschlichen Fortschritt verwechseln. Aber um zu unserer Analogie zurückzukehren, kann der heutige wissenschaftliche Fortschritt mit der instinktiven Flucht von Hachikôs Pferd verglichen werden, als es einen Schlag auf den Hintern bekam – es fehlt ihm die Richtung.

Hierzu passen die folgenden Worte von Arnold J. Toynbee: „Die moderne Zivilisation ist nichts anderes als die Erbsünde Adams, ausgestattet mit einer unendlichen Menge an Energie und Sprengkraft."

Das Zeitalter der beruhigenden Religionen ist vorbei. Was nun?

Seit dem Erscheinen des Menschen auf der Erde gibt es zwei Aspekte in seiner Entwicklung: Fortschritte in der Technologie und der Wunsch nach Seelenfrieden („peace of mind").

Der Mensch hat sich unablässig bemüht, sich ein angenehmes Leben in Hülle und Fülle zu schaffen, indem er sich manchmal der Natur anpasste, manchmal mit ihr zusammenarbeitete und manchmal sie eroberte. Durch seine eigene Beharrlichkeit hat er gelebt und gedieh.

Gleichzeitig war der Mensch besorgt über die Grenzen seiner Fähigkeiten. Vor allem beim primitiven Menschen weckte das Geheimnis seiner natürlichen Umgebung Furcht und Ehrfurcht. Der Mensch hat festgestellt, dass Gefahren bei der Jagd und Glück oder Pech im Kampf mit Tieren von etwas gesteuert werden, das jenseits der Waffen und Fähigkeiten des Jägers liegt. Und als der Mensch begann, Land zu bewirtschaften und Tiere zu züchten, stellte er fest, dass ihm Hungersnöte durch Naturkatastrophen wie Hagelstürme, Insektenbefall, Dürren und Überschwemmungen aufgezwungen werden konnten. Er war der Natur stets ausgeliefert. Er war ein ängstliches Wesen, und wenn er zufällig Verwandte und andere Mitmenschen sterben sah, zitterte er vor Angst vor dem Geheimnis des Todes und der Unbeständigkeit des menschlichen Lebens.

Aber er hat sich geduldig gewehrt, mit der Natur kooperiert, und während er sie eroberte, machte er stetigen materiellen Fortschritt. Als jedoch sein materieller Fortschritt an seine

Grenzen stieß, versuchte er, die Natur zu beherrschen, indem er Hexerei und Zauberei praktizierte; um die Natur zu besänftigen, führte er Rituale und Gebete durch. Es verging eine unvorstellbar lange Zeit, bevor der Mensch das Stadium der frühen mesopotamischen und ägyptischen Zivilisationen erreichte. Ebenso können wir sicher sein, dass der Mensch erst nach langem Tappen und Ringen um Seelenfrieden zu dem gelangte, was wir heute als primitive Religion bezeichnen. In dieser Hinsicht war seine Suche nach Seelenfrieden wesentlich wie sein Kampf um den Fortschritt.

In der modernen Gesellschaft ist das Gleichgewicht zwischen diesen beiden Bestrebungen verloren gegangen. Lassen Sie mich das veranschaulichen. In der Antike hätten die Menschen vielleicht ein Menschenopfer dargebracht, um göttlichen Beistand für den Bau eines großen Staudamms zu erhalten, den sie errichten wollten. In diesen Gesellschaften wäre dies weder als grausam noch als ungesetzlich angesehen worden. Auch war die Religion, die ein solches Orakel aussprach, nicht besonders böse. Was aber, wenn in der modernen Gesellschaft bei der Eröffnung eines Staudammprojekts ein Menschenopfer dargebracht würde? Natürlich würde dies als grausam und unmenschlich angesehen werden und wäre zudem eine Straftat. Die Religion, die ein solches Opfer verlangt, würde eher als unsozialer und unmoralischer Aberglaube denn als Religion betrachtet werden. Für den Bau eines Staudamms sind ausreichende finanzielle Mittel, qualifizierte Arbeitskräfte und die Anwendung geeigneter Technologien erforderlich, nicht aber ein Menschenopfer. Genauso werden Religionen, die die Heilung von Krankheiten durch besondere Rituale und Gebete fördern, zu Recht als schädliches Heidentum betrachtet. Dafür sollten wir dem Fortschritt der Wissenschaft in ihrem Streben nach einem besseren Leben dankbar sein. Die Wissenschaft hat für uns bestimmte Probleme der menschlichen Ängste gelöst, die früher im Mittelpunkt der Religion standen. Folglich werden die meisten dieser „Religionen" heute als heidnischer Aberglaube behandelt. Können wir nicht eine Religion finden, die nicht das Überbleibsel einer archaischen Denkweise ist, eine Religion mit echtem Sinn? Und wenn ja, wo?

Es ist sicher, dass es keinen Platz mehr für die „beruhigenden Religionen“ gibt, die hoffen, Probleme durch magische Kräfte zu lösen, wenn dieselben Angelegenheiten von der modernen Wissenschaft recht zuverlässig gehandhabt werden. Die wahre Religion, deren Existenz in diesem modernen Zeitalter gerechtfertigt ist, beschäftigt sich nicht mit den Problemen, die allmählich wissenschaftlich gelöst werden, sondern mit dem Seelenfrieden, der mit wissenschaftlichen Mitteln niemals erreicht werden kann. Glauben Sie, dass der wahre Seelenfrieden in der Reichweite des technischen Fortschritts liegt? In diesem Punkt wirken die Fakten auf uns Menschen wie ein Tadel.

Nehmen wir ein Beispiel, das uns sehr nahe geht. Wir halten die moderne Zivilisation für selbstverständlich. Einer von uns könnte mit bloßen Händen kein einziges Brett oder einen Pfosten aus einem Baum formen, hat nicht die Kraft, einen einzigen Stein zu bewegen, kann keinen einzigen Stahlträger tragen, und doch leben und arbeiten wir in schönen Häusern und hervorragenden Gebäuden. Wir wissen nicht, wie man einen einzigen Faden spinnt, können nicht einen einzigen Ballen Stoff herstellen, und doch tragen wir schöne Kleider und folgen sogar der Mode des Augenblicks. Wir essen gut, aber die meisten von uns könnten sich nicht vorstellen, ein einziges Reis- oder Weizenkorn zu ernten. Und dann umgeben wir uns mit elektrischen Geräten und anderen modernen Annehmlichkeiten und leben in völligem Komfort.

Wenn wir unsere Situation mit der der alten ägyptischen Zivilisation vergleichen, wäre unser Leben vergleichbar mit dem eines Mannes, der von Dutzenden oder gar Hunderten von Sklaven bedient wird. Wir sind Könige, die durch das Fernsehen von den besten Künstlern des Landes unterhalten und durch moderne Transportmittel mit einer Geschwindigkeit an unser Ziel gebracht werden, die sich die ägyptischen Pharaonen nicht vorstellen konnten, egal wie stark ihre Sänftenträger waren. Was hat es uns ermöglicht, in solchem Luxus zu leben? Wir müssen uns darüber im Klaren sein, dass wir in den Genuss von materiellem Reichtum und Knowhow kommen, das wir uns in Tausenden von Jahren des Kampfes angeeignet haben. Würden Sie sagen, dass wir jetzt, wo wir ein solches Leben führen, ohne Mangel und Unzufriedenheit, mit vollkommenem Seelenfrieden leben? Ich fürchte nicht. Der größte Teil der Menschen von heute ist unzufrieden. So kämpfen die Menschen ständig um bessere Löhne, sie wollen einen noch höheren Lebensstandard, und die Nationen sind stets bereit, für ihre egoistischen Interessen Krieg gegeneinander zu führen. Glauben Sie, dass in der Zukunft, wenn der Mensch durch einen noch größeren technologischen Fortschritt keine materiellen Bedürfnisse mehr haben wird, auch die Unzufriedenheit aufhören wird, die zu nationalen Streitigkeiten und internationalen Kriegen führt? Wenn Sie das glauben, sind Sie viel zu optimistisch. Je höher der Lebensstandard eines Menschen ist, desto höher sind seine Ansprüche. Je mehr Macht eine Nation erlangen kann, desto mehr versucht sie zu erwerben. Die Menschen erfinden immer mächtigere Waffen und steuern auf einen großen Weltkrieg zu.

Warum ist das eigentlich so? Unser hoher Lebensstandard ist das Ergebnis von Unzufriedenheit und der intellektuellen Fähigkeit, diese zu befriedigen. Unzufriedenheit ist die Mutter von Erfindungen und Fortschritt. Weil der Mensch mit dem, was die Natur bietet, unzufrieden ist, versucht er, die Situation zu verbessern, und so kommt es zum Fortschritt. Doch kein noch so großer wissenschaftlicher Fortschritt kann die menschlichen Sehnsüchte befriedigen. Der Mensch geht seinen Weg des Fortschritts mit einer Tasche voller Wünsche und Unzufriedenheit, und egal, wie viele Hunderte oder Tausende von Jahren vergehen, wir können davon ausgehen, dass er sich immer noch an diese Tasche klammert.

Dass wir kontinuierlich wissenschaftliche Fortschritte machen, ist schön; dass sie zu menschlichem Komfort führen, ist großartig; und dass wir die Unzufriedenheit besitzen, mit der dieser Prozess beginnt, ist sicherlich eine wunderbare Sache. Das Problem ist, dass wir, wenn wir mit der Gegenwart unzufrieden sind, von der Ungeduld des Verlangens und der Unruhe des Wettbewerbs erfüllt werden. Deshalb sind wir nicht in der Lage, echten Seelenfrieden in unserem Leben zu finden.

Mit anderen Worten: Egal, wie weit die Wissenschaft fortschreitet, sie wird nicht die Antwort auf unseren Mangel an Seelenfrieden sein, und wir können auch nicht durch einen hohen Lebensstandard beruhigt werden, denn ihm fehlt die Grundlage für geistigen Frieden. In einer hochentwickelten Zivilisation können wir, wenn wir alt werden, unsere Tage in einem Erholungsheim verbringen, das so komfortabel wie ein Hotel und mit modernen medizinischen Einrichtungen und allen anderen Dingen ausgestattet ist. Aber das allein wird uns kaum ein friedvolles Leben bescheren.

Die Zivilisation, die wie ein wildes Pferd vorwärts galoppiert, während wir nichts von Seelenfrieden wissen, diese moderne Zivilisation, die in Europa begann und sich über den Rest der Welt ausbreitete, kann selbst als verrückt bezeichnet werden. Je weiter sie fortschreitet, desto deutlicher wird, dass es sich um reinen Wahnsinn handelt. Wie ich bereits erörtert habe, haben die „besänftigenden Religionen“ seit der Entwicklung der modernen Zivilisation ihren Platz verloren, und dafür können wir dankbar sein. Gleichzeitig ist es dringend notwendig, dass wir im Zuge der Entwicklung der wissenschaftlichen Zivilisation eine echte Religion finden, die sich mit wahrem Seelenfrieden beschäftigt. Wir müssen eine grundlegende und aufrichtige Suche nach dem Seelenfrieden mit echter Bedeutung unternehmen – etwas, das von der Wissenschaft unmöglich angeboten werden kann.

Goethe sagt: „Der Mensch geht verloren, wenn er weitermarschiert.“ Ist dies das Schicksal der Menschheit? Oder können wir den Weg entdecken, auf dem wir „weitermarschierend, Seelenfrieden haben", oder vielmehr „Seelenfrieden habend, weitermarschieren"?

Das Selbst hat sich in sich selbst niedergelassen

Es ist bezeichnend, dass viele Menschen im Westen, die mit der modernen Situation unzufrieden sind, ihren Blick nach Osten gerichtet haben, um das Wesen des alten Denkens zu erforschen. Innerhalb dieses Denkens gibt es eine Religion namens Buddhismus, die, wenn man sie genau studiert, eine einzigartige Kultur offenbart.

Der Grund dafür ist, dass es im Buddhismus keinen Gott gibt. Aus diesem Grund wurde ihm einst von christlich geprägten Gelehrten der Status einer Religion abgesprochen. Es ist jedoch unsinnig, mittels des Vorhandenseins oder Nichtvorhandenseins der Idee eines Gottes zu entscheiden, ob eine Lehre eine Religion ist oder nicht. Wenn man das tut, muss man sagen, dass es keine Religion mehr gibt, seit die wissenschaftliche Weltsicht die mythologische ersetzt hat. Diese Ansicht ist jedoch grundlegend falsch. Denn Religion ist das, was uns lehrt, was das Wichtigste im Leben ist, und was uns echten Seelenfrieden gibt. Der Buddhismus ist in diesem Sinne die reinste Religion, denn er lehrt die wahre Natur des Lebens.

Wie wir gesagt haben, ist der Buddhismus eine Religion ohne einen Gott. Was ist dann die Grundlage für diesen Seelenfrieden oder Frieden des Geistes? Die Grundhaltung des Buddhismus ist – im Gegensatz zur „Verneigung vor Gott“ des Christentums und anderer Religionen – die des Selbst, das im wahren und unverrückbaren Selbst ruht. Normalerweise werden wir von verschiedenen Gedanken hin- und hergeworfen, aber das sollte nicht sein. Vielmehr sollten wir fest in unserem wahren Selbst verankert sein. Schon Buddha Shakyamuni lehrte, dass das Selbst in sich selbst ruhen muss, wahrhaftig und fest. Diese Lehre ist die Grundhaltung des Buddhismus.

Im *Sutta Nipata,* das als die älteste Schrift im Kanon gilt, sagt der Buddha: „Lebe in der Welt, indem du dich nur auf das Selbst als Grundlage verlässt, und verlasse dich nicht auf Dinge, sondern sei von allen Dingen befreit." Im *Dammapada* sagt er: „Die Grundlage des Selbst ist nur das Selbst." Und im *Nibbanasurranta*: „Glaube an dich selbst, glaube an das Gesetz; glaube an nichts anderes." Diese Passagen aus den frühesten Schriften zeigen die Grundhaltung des Religionsstifters.

Aber bei einem leichten Missverständnis dieser Haltung besteht die Gefahr, dass eine törichte Zivilisation entsteht. Ein Fehler, und die heutige wissenschaftliche Zivilisation wird zu einer verrückten. Wenn man eine Besonderheit der menschlichen Natur nimmt und sie entwickelt, ohne die Wahrheit des menschlichen Lebens zu sehen, wird das Ergebnis wahrscheinlich unsinnig, ja sogar wahnsinnig sein.

Die moderne Zivilisation übt sich in Wahnsinn und ignoriert die Wahrheit des menschlichen Lebens. Auf die gleiche Weise entwickelten die Hinayanisten, die Anhänger des alten Buddhismus, unmittelbar nach dem Tod des Buddha, ohne die Wahrheit des Lebens zu erkennen, einen törichten Trend. Sie interpretierten die von Buddha beabsichtigte Bedeutung der Worte „Lasst das Selbst in sich selbst ruhen und sucht nichts außerhalb“ dahingehend falsch, dass das Selbst auf den Tod fixiert werden sollte. Das lag daran, dass sie glaubten, durch das Auslöschen der nach außen gerichteten Wünsche ein stilles Nirwana erreichen zu können. Folglich wurde ihr Samadhi (Versenkung), in dem das Selbst in sich selbst ruht, zu einer Flucht, einer Abgeschiedenheit, einem Leben ohne andere Aktivitäten als dem Warten auf den Tod. Es versteht sich von selbst, dass hier die Wahrheit des menschlichen Lebens verloren ging.

Das Missverständnis, der Buddhismus sei nihilistisch und pessimistisch, kann zweifellos auf diese Fehlinterpretation zurückgeführt werden. Sicherlich muss man zugeben, dass Samadhi, bei dem das Selbst in sich selbst ruht, eine negative Tendenz haben kann – die

Tendenz, sich dem Eskapismus hinzugeben, wenn man nicht vorsichtig ist. Diesen Punkt müssen wir uns immer vor Augen halten, wenn wir den buddhistischen Samadhi, Zazen, wiederentdecken, der im alten Osten begraben ist. Im Gegensatz zum Eskapismus entwickelten die Mahayanisten, die Anhänger des späteren Buddhismus, einen lebendigen Samadhi. Samadhi bedeutet, dass sich das Selbst im wahren und unbeweglichen Selbst niederlässt; „unbeweglich" sollte jedoch nicht so interpretiert werden, dass es „ohne Funktion" oder „in einem inaktiven Zustand fixiert" bedeutet. Denn das Selbst ist Leben, und Leben ist Aktivität; Leben, das durch nichts behindert wird, manifestiert sich als reine Funktion, als unbewegliches, unerschütterliches Leben, das an sich ausreicht.

Das ist es, was die Mahayanisten in dem aktiven Leben des Gründers, der sich der Erlösung aller Wesen widmete, erkannten. Und der Beitrag des Mahayana-Buddhismus lag darin, die Bedeutung des wahren und unbeweglichen Selbst als Manifestation des vitalen

Lebens zu erkennen. Kurz gesagt, das in sich ruhende Selbst bedeutet nicht, persönliche Wünsche zu zeigen, und es bedeutet auch nicht, die vitale Aktivität abzulegen und leblos zu werden. Im Gegenteil, das Leben an sich ist einfach eine manifeste Funktion, also muss es Aktivität geben. In dieser Aktivität wird sich uns eine unermessliche und grenzenlose Welt eröffnen.

Da diese Diskussion ein wenig zu abstrakt geworden ist, sollten wir uns wieder auf die konkrete Alltagswelt besinnen. Wir könnten zum Beispiel fragen: „Warum arbeiten wir eigentlich?" Wir können verschiedene Antworten geben: „Um zu essen", „um ein besseres Leben zu erreichen", „um unsere Ambitionen zu verwirklichen", „um Ruhm zu erlangen" und so weiter. Diese Antworten stammen jedoch aus unserem physischen Körper und aus unseren Wunschgedanken. Keine von ihnen ist die Antwort, die aus dem Leben selbst kommt.

Die Lilie, die auf dem Feld blüht – warum um alles in der Welt blüht sie? Sie blüht nur, weil ihr das Leben geschenkt wurde. „Seht die Lilien auf dem Felde an, wie sie wachsen; sie mühen sich nicht und spinnen nicht; und doch sage ich euch, dass selbst Salomo in all seiner Herrlichkeit nicht gekleidet war wie eine von diesen.“ (Matthäus 6:28–29) Hier zeigt sich einfach die Herrlichkeit des Lebens. Genauso blüht das Veilchen als Veilchen, und die Rose drückt ihr Leben als Rose aus. Die Blumen, die auf dem Feld blühen, sind nicht stolz darauf, dass sie in einem Schönheitswettbewerb den ersten Preis gewinnen könnten; sie haben nicht das Gefühl, dass sie in Konkurrenz zu anderen Blumen stehen. Das Veilchen entwickelt keinen Minderwertigkeitskomplex und denkt: „Die Rosen sind groß und schön, aber ein kleines Veilchen wie ich ist nutzlos.“ Es sagt nicht mit Gier und Ungeduld: „Ich muss effizienter werden.“ Es manifestiert einfach seine eigene Lebenskraft mit aller Energie.

Wenn eine Veilchenpflanze nicht einmal ein kleines Veilchen hervorbringen kann, fehlt ihr natürlich das Leben. Aber wenn sie dann blüht, dann tut sie das ohne Grund. Es ist das Leben eines Veilchens, nur zu blühen. Das Lotus-Sutra sagt: „Alle Dinge enthüllen die Wahrheit von selbst." Die Redewendung „Eine Weide ist grün, eine Blume ist rot" ist ein gängiges Zen-Sprichwort. Kurz gesagt, der Buddhismus ist eine Manifestation der Welt des Lebens, in der ein Veilchen blüht wie ein Veilchen und eine Rose blüht wie eine Rose.

Das Amida-Sutra der Jodo-Sekte beschreibt das Paradies mit den Worten: „Blaue Dinge sind blau, rote Dinge sind rot ... das ist es, was wir Paradies nennen." Dieser Punkt erfordert unsere Aufmerksamkeit. Irrtümlicherweise denken wir, es wäre wunderbar, wenn blaue Dinge rot wären. Denken wir nicht oft, dass ein armer Mensch nur glücklich sein kann, wenn er reich wird?

Natürlich ist es eine schöne Sache, wenn arme Menschen reich werden. Aber Reichtum macht nicht immer glücklich und Armut nicht immer unglücklich. Wenn man beschließt, dass die Reichen glücklich und die Armen unglücklich sind, dann wird man, wenn man arm ist, sicherlich unglücklich sein. Diese Vorstellung ist jedoch ein Irrtum. Für diejenigen, die so denken, wird es eine Zeit geben, in der das Geld, egal wie viel sie haben, nicht mehr gilt. Wenn die Zeit kommt, in der sie sterben, werden sie in die Tiefe des Unglücks fallen.

Das ist nicht die Art und Weise, wie das Leben ist. Gibt es eine klare Trennungslinie zwischen Arm und Reich? Das ist nur eine Frage des Vergleichs. Nur wenn Sie diesen Vergleich aufgeben, werden Sie in der Lage sein, sich in Ihrem wahren Selbst niederzulassen, zu jeder Zeit und an jedem Ort. Die Menschen mögen Sie mit anderen vergleichen und entweder reich oder arm nennen, aber das ist nur ein Etikett, das nichts mit Ihrem wahren Selbst zu tun hat. Wenn Sie zur Realität Ihres Lebens, zu Ihrem wahren Selbst, zurückkehren und sich als solches manifestieren, dann sind „blaue Dinge blau und rote Dinge rot", was als Paradies bezeichnet wird.

Mit anderen Worten: Kehren Sie zu Ihrem wahren Leben zurück, ohne sich von verschiedenen Ideen hin- und herwerfen zu lassen. Ohne Neid oder Selbstverachtung, aber auch ohne Stolz; ohne Faulheit, aber auch ohne Streit; seien Sie einfach Sie selbst, leben Sie mit all Ihrer Kraft Ihr wahres Leben, so wie es ist. Hier erscheint die Herrlichkeit des Lebens – das Licht des Buddhismus leuchtet. Wenn sich unser wahres Leben manifestiert, leuchtet das Licht der Religion. Die Welt, in der das Selbst in sich selbst ruht, enthält weder den Kampf ums Dasein, bei dem die Starken die Schwachen verschlingen, noch hat sie einen Platz für Eskapismus, bei dem das Erblühen des eigenen Lebens vergessen wird. Im Gegenteil, es ist die Welt, in der das Vorgegebene so verwirklicht wird, wie es ist, und die Blume des eigenen wahren Selbst erblüht. Die Grundlage dieser Manifestation des Lebens ist der buddhistische Samadhi, Zazen. Auf den folgenden Seiten werde ich versuchen, Ihnen zu erklären, wie Zazen als die Quelle des Lebens zentral für die Manifestation des Lebens ist.

Die Struktur des Lebens: Bedingtes Entstehen und der Mittlere Weg

Wenn wir die buddhistische Vorstellung vom Leben verstehen wollen, müssen wir uns mit den Lehren vom abhängigen oder bedingten Entstehen (*engi*) und dem Mittleren Weg befassen. Wenn wir, wie oben, vom Selbst sprechen, das in sich selbst ruht, müssen wir fragen, was dieses Selbst ist; denn das, was im Buddhismus als „Selbst“ bezeichnet wird, unterscheidet sich deutlich von dem, was wir gewöhnlich als „Ich“ bezeichnen. In der Tat unterscheidet sich die einzigartige buddhistische Sichtweise von unserer gewöhnlichen Denkweise, nicht nur in Bezug auf den Begriff des Selbst, sondern auch in ihrem Verständnis dieser Welt, in der sich das Selbst befindet. Diese besondere Sichtweise kommt im Konzept des bedingten Entstehens zum Ausdruck. Denn im Buddhismus werden sowohl das „Selbst als Leben“ als auch die „lebendige Welt, in der das Selbst verweilt“, im Sinne des bedingten Entstehens und des Mittleren Weges verstanden. Um zum richtigen buddhistischen Sinn des Zazen zu gelangen, in dem sich das Selbst in sich selbst niederlässt, müssen wir daher einen Umweg gehen und zunächst von diesen beiden Begriffen sprechen.

Glücklicherweise finden sich in den frühen Schriften direkte Hinweise auf diese Lehren, die wir hier verwenden können.

„Wer die Ansammlung der Welt wahrhaftig sieht, hält nicht an der Ansicht der Nichtexistenz fest. Wer die Vernichtung der Welt wahrhaftig sieht, hält nicht an der Auffassung der Existenz fest. Die Ansicht, dass alles existiert *(uken)*, ist das eine Extrem; die Ansicht, dass nichts existiert *(muken)*, ist das andere Extrem. Der Tathagata distanziert sich von diesen beiden Extremen und predigt das Gesetz des Mittleren Weges: denn dies existiert, was existiert, weil dies entsteht, was entsteht." (*Pâli soshibu kyôten,* S. 12. 15, S. 22. 90 T. 301, 262.)

In diesem einen Zitat aus einer alten Schrift wird die gesamte Lehre des bedingten Entstehens und des Mittleren Weges dargelegt. Darüber hinaus wird hier die eigentliche Essenz des Geistes zum Ausdruck gebracht, die sich als Mahayana-Buddhismus entwickeln sollte. Allerdings ist die Sprache dieses Abschnitts meiner Meinung nach nicht geeignet, um beim ersten Lesen vollständig verstanden zu werden. Lassen Sie uns daher versuchen, diese Worte in Bezug auf unser tägliches Leben zu interpretieren.

In den Schriften heißt es über das bedingte Entstehen: „Weil dies existiert, existiert dies, weil dies entsteht, entsteht dies." Aber was bedeutet das? Es bedeutet, dass alle konkreten Entitäten in Übereinstimmung mit verschiedenen Bedingungen auftreten, und dass alle abstrakten Entitäten aufgrund ihrer gegenseitigen Beziehungen sinnvoll sind. Dementsprechend wird hier gesagt, dass es keine unabhängigen substantiellen Entitäten gibt, d. h. keine Dinge, die für sich selbst existieren.

Dies ist keine substanzielle Sache, die unabhängig in sich selbst existiert.

Nehmen wir mein eigenes Wesen als Beispiel. Normalerweise denken wir an das Selbst als eine individuelle, unabhängige Substanz, als eine dauerhafte Existenz. Aber wenn wir genau darüber nachdenken, ist das keineswegs der Fall. Ich habe ein Album mit Fotos, die alle vier oder fünf Jahre von mir gemacht wurden, von der Kindheit bis heute. Aber wenn ich es jetzt ansehe, erfüllt mich ein ganz seltsames Gefühl. Es zeigt so deutlich die Veränderung dieses Menschen, den man „Ich" nennt und der allmählich älter wird. Wie sich das Gesicht und die Gestalt mit dem Alter verändern! Ich kann nur über das Wunder der Schöpfung staunen. Was bleibt in diesem ständigen Wandel bestehen? Das Muttermal unter meinem Auge, die eigentümliche Neigung meines Kopfes – nur diese bedeutungslosen Fakten bleiben. Wenn es wahr ist, dass ich nur das bin, was die Zeit überdauert, dann sind dieses Muttermal und dieser seltsam geformte Kopf das, was ich wirklich bin. Daher kann ich nicht umhin, mich zu fragen, ob diese Bilder alle dasselbe Ich zeigen oder nicht.

Nicht nur das Äußere des Körpers, sondern auch das Innere wird allmählich regeneriert und umgewandelt, so dass sich auch das, was auf Fotos nicht zu sehen ist, verändert.

Darüber hinaus hat sich auch der Inhalt meines Kopfes, der „Ich" genannt wird, radikal verändert, vom Säuglingsalter über die Kindheit, Jugend und Reife bis zum mittleren Alter. Und in der Tat ist auch dieses gegenwärtige „Ich" ein unaufhörlicher Strom des Bewusstseins. Dennoch wird dieser Strom zu einem bestimmten Zeitpunkt als dieses Ich betrachtet.

In dieser Hinsicht sind wir als „Selbst“ so etwas wie die Flamme einer Kerze. Das brennende Wachs, das durch die Hitze der Kerze geschmolzen wird, gibt nur dann Licht ab, wenn es einen bestimmten Punkt passiert. Diese Stelle, von der das Licht ausgeht, bleibt im Allgemeinen konstant und erscheint als eine feste Form; es ist diese scheinbar unveränderliche Form, der wir den Namen „Flamme“ gegeben haben. Das, was „Ich“ genannt wird, ist der Flamme ähnlich. Obgleich sowohl Körper als auch Geist ein unaufhörlicher Fluss sind, bezeichnen wir sie als „Ich“, weil sie eine scheinbar konstante Form bewahren. Deshalb gibt es in Wirklichkeit kein „Ich“, das als ein „Klumpen“ von Substanz existiert: Es gibt nur den unaufhörlichen Fluss. Das gilt nicht nur für dieses empfindungsfähige Wesen, das wir „Ich“ nennen; es gilt für alle Dinge. Im Buddhismus wird diese Wahrheit in den Ausdrücken *shôgyômujô*, „alle Wesen sind unbeständig“, und *shôhômuga*, „alle Wesen sind nicht substantiell“, ausgedrückt.

Dieses schwer fassbare Konzept der Unbeständigkeit *(mujô)* bedeutet nicht einfach Negation *(mu)*. Im Fluss der Unbeständigkeit ist unsere zeitliche Form wie ein Strudel im Fluss eines Flusses. Obwohl das Wasser immer fließt, entsteht der Strudel, wie die Flamme der Kerze, aus verschiedenen Bedingungen in einer Form, die konstant erscheint. Diese scheinbar feste Form, die auf verschiedenen Bedingungen beruht, ist das bedingte Entstehen. Im Fall der Flamme handelt es sich um ein Entstehen, das von Dingen wie dem Wachs, der Temperatur und der Luft abhängt; im Fall des Wirbels bilden das Volumen und die Geschwindigkeit des Stroms, die Topographie usw. die Bedingungen für seine Existenz.

Nicht nur solche Dinge wie Wirbel und Flammen, sondern tatsächlich jedes Ding im Universum kann auf ähnliche Weise betrachtet werden. Zum Beispiel können wir, die wir im Zeitalter der Naturwissenschaft leben, leicht erkennen, dass ein Ding, wie fest es auch erscheinen mag, sich nicht wirklich von einer Flamme oder einem Wirbel unterscheidet – seine Festigkeit ist nur eine Frage des Grades.

Kehren wir nun zu dem Problem des Selbst zurück, das wir hier erörtern. Der Begriff der Vergänglichkeit gilt natürlich auch für das Selbst, das eine besondere Form der konditionierten Existenz darstellt. Der Buddhismus lehrt, dass unser egoistisches Anhaften an das Selbst als eine Art substanzielles Wesen die Quelle aller Gier, des Ärgers, des Leidens und des Streits ist. Deshalb ist es von größter Wichtigkeit, dass wir das Selbst gründlich überdenken, nicht als substanzielles, sondern als konditioniertes Dasein.

Was ist das, was wir für das Selbst halten? Physisch gesehen entsteht es bei der Vereinigung von Spermium und Ei und erhält seine heutige Form durch die Kombination von Faktoren wie Temperatur, Feuchtigkeit, Ernährung und dergleichen. Und was bildet den geistigen Inhalt des Selbst? Auch hier haben wir uns dieses Selbst nicht ausgesucht, sondern haben das Leben im Mutterleib einfach unbewusst (oder wie die Buddhisten sagen: in Unwissenheit, *mumyô*) empfangen. Wir haben von unseren Eltern bestimmte vererbte Charaktereigenschaften erhalten und sind von der Zeit, dem Ort und den Umständen, in die wir hineingeboren wurden, beeinflusst worden. Dann werden wir, ohne es zu merken, im Einklang mit der Gesellschaft erzogen und verinnerlichen unsere Erfahrungen im Kontext unserer Umgebung. Auf diese Weise wird durch die Kombination zufälliger Faktoren das Bewusstsein des Selbst geformt.

Das Selbst ist also weit davon entfernt, unsere übliche Vorstellung eines „Klumpens" zu sein, sondern ist lediglich eine Kombination von Zufällen. Dieses Selbst kann sich täuschen, doch selbst die Täuschung ist nicht von Dauer, auch sie kann aufgelöst werden.

Dies ist die Realität des Lebens, eine Realität, die in Shakyamunis Lehre von der Zwölfgliedrigen Kette des bedingten Entstehens (*jûni engi*) zum Ausdruck kommt, deren Einsicht die Quelle seiner Erleuchtung gewesen sein soll.

Lassen wir das Problem der Täuschung erst einmal beiseite und konzentrieren wir uns auf die Frage nach dem bedingten Selbst. Während das Selbst als bedingte Existenz lediglich eine Ansammlung von Zufällen bleibt, ist es insofern nicht nichts *(mu)*, als es als momentanes Aggregat eine Form besitzt. Dies ist der Punkt der oben zitierten Schriftstelle: „Derjenige, der die Ansammlung der Welt wahrhaftig sieht, hält nicht an der Ansicht der Nichtexistenz fest."

Auch wenn dieses gegenwärtige Selbst nicht nichts ist, können wir dennoch nicht sagen, dass es eine dauerhafte Entität ist; vielmehr befindet es sich im Wandel, wird ständig ausgelöscht und erneuert. Das ist die Bedeutung der Schriftstelle: „Wer die Vernichtung der Welt wahrhaftig sieht, hält nicht an der Auffassung vom Dasein fest."

„Der Tathagata (Buddha) löst sich von diesen beiden Extremen (Sein und Nichts) und predigt das Gesetz des Mittleren Weges." Dies lehrt unseren eigenen Weg – einen Weg, der weder dem Sein noch dem Nichtsein anhängt;

das heißt, er gibt die Abhängigkeit von Ideen auf und kennt das bedingte Entstehen, wie es ist, kennt unser eigenes Leben, wie es ist.

Deshalb ist der Mittlere Weg des Buddhismus weder eine Vorstellung von einer Sache „dazwischen“ noch eine Sache „auf halbem Wege“. Vielmehr besteht der Mittlere Weg darin, alle geschätzten Konzepte wie Sein und Nichtsein über Bord zu werfen und, ohne an einer fixen Entität festzuhalten, die Ideen los und das Leben sein zu lassen.

Aber was ist dieser Mittlere Weg konkret? Das wird in der folgenden Diskussion über Zazen deutlich werden.

Zazen

Buddhistisches Zazen ist die Praxis des Mittleren Weges; eine Praxis, in der das Leben (bedingtes Entstehen) als Leben gelebt wird. In einem Wort: Zazen ist die Praxis, die das Leben loslässt und es sein lässt.

Man könnte sagen, dass wir, auch wenn wir uns nicht bemühen, das Leben sein zu lassen, immer in diesem Prozess des bedingten Entstehens leben, und wir können nicht vermeiden, unser wahres Leben zu leben. Das ist in der Tat so. Es ist das, was der Buddhismus *shitsû busshô* nennt – alle Wesen haben die Buddha-Natur; das heißt, alle Wesen haben die Möglichkeit, das Leben zu verwirklichen.

Doch während wir dies sagen, können wir nicht behaupten, dass wir immer in der vollen Verwirklichung des Lebens leben. Das liegt daran, dass wir Menschen, anders als die Blumen auf dem Feld, die Last des Denkens tragen. Und das Denken hat einen doppelten Charakter: Es ist gleichzeitig das Produkt des

Lebens und kann doch an Dinge denken, die völlig losgelöst von der Tatsache des Lebens schweben. Diese Dualität führt zu einigen seltsamen Konsequenzen.

„Bei dieser Wahl muss ich A besiegen." (Obwohl er in der gegenwärtigen Lebenswirklichkeit als Denker einfach allein in seinem Zimmer sitzt und überhaupt nicht im Wettbewerb mit A steht).

„Ich werde mir diese Mine holen und ein Vermögen machen." (Obwohl der Intrigant weder die Mine besitzt noch den Wert des Erzes kennt).

Diese Dualität, in der das Denken von der unmittelbaren Tatsache losgelöst ist, hindert uns daran, das Leben wirklich so zu sehen, wie es ist. Darum heißt es: „Wer die Anhäufung der Welt wahrhaftig sieht, vertritt nicht die Ansicht der Nichtexistenz. Wer die Anhäufung der Welt wahrhaftig sieht, vertritt nicht die Ansicht der Existenz." Aber der Gedanke löst sich von dieser wahren Sichtweise, und inmitten einer substanziellen Welt beschwört er verschiedene anhäufbare substanzielle Entitäten (Geld, Position, Macht) herauf. In unserem frustrierten Wunsch, diese substanzlosen Dinge zu besitzen, die die Ansicht der Existenz repräsentieren, werden wir auf Intrigen und Hass reduziert, verletzen uns selbst und andere. Und wir entwickeln unweigerlich Komplexe und Neurosen.

Obwohl die Welt des bedingten Entstehens substanzlos ist, hat sie eine bestimmte Ordnung. Doch unser Denken ignoriert diese Ordnung (d.h. nimmt die Sichtweise der Nichtexistenz an) und verausgabt sich, seinen eigenen Begierden folgend, in Mord und Zerstörung, so dass der Funke dieser Reibung uns blitzschnell kurzschließen kann.

Letztendlich ist es also unser Denken – ob es nun die Sichtweise der Existenz oder der Nichtexistenz vertritt –, das dafür verantwortlich ist, den direkten Ausdruck des Lebens zu stören und zu behindern. Dieser Gedanke, der im Dualismus von Sein und Nichtsein verwurzelt ist, wird im Buddhismus „Ego-Anhaftung (*gashû*)“ genannt. Ego-Anhaftung bezieht sich auf unser Festhalten an der „Substanz“ namens „Ich“, die wir in unserer Unwissenheit (*mumyô*) innerhalb der Welt des bedingten Entstehens unvernünftigerweise konstruiert haben.

Was auch immer wir sehen, was auch immer wir tun, wir werden stets von diesem „Ich“-Gefühl herumgestoßen, und unser wahres Leben wird abgeschnitten, verstümmelt und ruiniert. Ist das Hin- und Hergerissensein durch das Ich-Gefühl nicht genau die „Erbsünde“, die der Mensch in seinem Ursprung als Mensch begangen hat? Adam und Eva haben uns wirklich schrecklich zugerichtet.

Apropos „Erbsünde“: Ich habe neulich eine faszinierende Karikatur in der Zeitung gesehen. Adam versucht mit aller Kraft zu erbrechen, was er gegessen hat. Und Eva steht mit besorgter Miene neben ihm und sagt: „Adam, ist der Apfel, den du gegessen hast, noch nicht herausgekommen?“ Das war ein Cartoon, wie man ihn heute nur noch selten sieht. Das heutige Zeitalter hat eine Vielzahl von Problemen, aber abgesehen davon gibt es das Grundproblem dieses Cartoons: dieser Apfel – wenn der Mensch ihn nur ausspucken könnte!

Wir können sagen, dass wahres buddhistisches Zazen die Haltung ist, die den Apfel, den wir zu diesem Zeitpunkt gegessen haben, wieder ausspuckt. Aber wann genau haben wir diesen Apfel gegessen? Es ist keineswegs in irgendeiner fernen Mythologie der Vergangenheit. Wie wir bereits gesagt haben, sind wir lediglich eine konditionierte Existenz (*engi*), eine Ansammlung von zufälligen Faktoren wie Vererbung, zeitliches und soziales Umfeld, Gewohnheiten und erzieherische Einflüsse, Alter, Temperatur und Luftfeuchtigkeit, körperliche Kraft, Ernährung usw. Doch in unserer Unwissenheit haben wir dieser Ansammlung das würdevolle Etikett „Selbst“ angehängt, indem wir sagten: „Das bin ich“, und uns hartnäckig an dieses Ego klammerten, als wäre es ein grundlegendes und notwendiges Wesen. Aber wo ist der Apfel außerhalb der Macht dieser Ego-Anhaftung? Wir essen diesen Apfel genau hier und jetzt in der Unwissenheit unseres

Egoismus. Doch diesen Apfel zu erbrechen, ist keineswegs einfach.

Wenn wir verstehen, dass wir einem zufälligen Aggregat lediglich das Etikett „Ich“ angehängt haben, dass unser Egoismus grundlos und diese Anhaftung ans Ego die Quelle des Übels, der Verblendung und des Leidens ist und daher aufgegeben werden sollte – selbst wenn wir all das verstehen, können wir den Apfel dadurch nicht ausspucken. Denn unsere Anhaftung an das Ego findet nicht nur an der Oberfläche des Bewusstseins statt; sie liegt jenseits unseres Bewusstseins: Wir essen diesen Apfel sozusagen tief in unserem Unterbewusstsein. Es könnte sogar sein, dass in unserem Wunsch, den Apfel wegzuwerfen, die Kraft des Apfels am Werk ist. Es nützt also nichts, den Kopf zu gebrauchen, denn genau dieser Gebrauch des Kopfes ist das Problem.

Die Zazen-Praxis, die im Orient entdeckt, entwickelt und vervollkommnet wurde, ist eine einzigartige Kultur, die speziell darauf ausgerichtet ist, diesen Klumpen ignoranter Ego-Anhaftung aufzulösen. Zazen gibt das

Selbst auf, das das Produkt unserer Unwissenheit ist – die egoistischen Gedanken, die von innen her aufsteigen –, und nimmt eine Haltung ein, die nicht mit Ego-Anhaftung agiert. Man könnte sagen, dass Zazen die Haltung ist, die hier und jetzt den sündenbeladenen Körper Adams ans Kreuz nagelt.

Was die eigentliche Zazen-Haltung betrifft, so setzt man sein Gesäß auf ein Zafu (ein kleines rundes Kissen, das mit Kapok gefüllt ist, um die Hüften anzuheben) und kreuzt dann die Beine, wobei man zuerst den rechten Fuß auf den linken Oberschenkel und dann den linken Fuß auf den rechten Oberschenkel legt. Wer nicht beide Beine auf diese Weise kreuzen kann, darf auch nur den linken Fuß auf den rechten Oberschenkel legen. Dann wird die rechte Hand mit der Handfläche nach oben auf den linken Fuß gelegt und die linke Hand auf die rechte Hand, so dass sich die Daumenspitzen treffen. Die Taille und die Wirbelsäule sollten aufgerichtet sein, und man sollte so sitzen, als ob man sich mit dem Scheitel des Hinterkopfes gegen den Himmel drückt. Der Mund ist fest geschlossen, so dass keine Luft darin enthalten ist, und die Zunge wird fest an den Gaumen gedrückt. Die Augen werden auf natürliche Weise offen gehalten, wobei die Blickrichtung ein wenig nach vorne fällt. Man sollte gerade sitzen und sich weder nach vorne noch nach hinten, weder nach links noch nach rechts lehnen.

Diese Haltung ist genau das Gegenteil von der des „Denkers" von Rodin. Der Rücken, die Taille, die Beine und die Arme des Denkers – sogar seine Finger und Zehen - sind alle gebeugt. Eine solche Form als „Der Denker" zu bezeichnen, klingt schön, aber in Wirklichkeit ist es die Haltung eines Menschen, der sich der Verblendung hingibt und in eine innere Hölle blickt. Im Gegensatz zu dieser Haltung ist der Körper in Zazen gerade. Das Blut fließt aus dem Kopf und es herrscht Ruhe. Die Ideen enden und die Zusammenballungen des Gehirns lösen sich auf. Wenn man Zazen macht, sitzt man einfach nur da und lässt alle Gedanken los. Alles, was man gelernt hat, wird dem Lernen zurückgegeben, alles, was man sich gemerkt hat, wird dem Gedächtnis zurückgegeben, alles, was man gedacht hat, wird dem Denken zurückgegeben. All das loszulassen – das ist die Haltung von Zazen.

„Der Denker" ist die Haltung eines Menschen, der sich der Verblendung hingibt. Zazen ist die Haltung desjenigen, der die Gedanken loslässt.

Aber wir sollten nicht glauben, dass in Zazen keine Gedanken auftauchen und der Kopf einfach leer ist. Solange wir leben, auch wenn wir Zazen machen, ist es ganz natürlich, dass Gedanken erscheinen. Aber das Wichtigste ist, diese Gedanken kommen und gehen zu lassen, ohne ihnen nachzujagen und ohne zu versuchen, sie zu vertreiben. Wenn ein Gedanke auftaucht und man ihm nachjagt, obwohl man in Zazen sitzt, ist man in Wirklichkeit mit dem Denken beschäftigt und macht nicht wirklich Zazen. In Zazen ist es also wichtig, den Gedanken, die auftauchen, nicht nachzugehen. Sollten wir dann nicht diese Gedanken aus unserem Kopf vertreiben? Wenn man das versucht, ist man gefangen im Denken: „Raus mit den Gedanken, vertreibe die Gedanken!“. Stattdessen sitzen wir in Zazen, ohne den Gedanken zu folgen und ohne sie zu vertreiben, einfach mit den Knochen und Muskeln in der richtigen Haltung. Sitzen Sie einfach gerade und überlassen Sie alles der Zazen-Haltung.

Wenn Sie dösen, obwohl Sie die Zazen-Haltung beibehalten, machen Sie in Wirklichkeit nur ein Nickerchen und überhaupt kein Zazen. So wie Zazen kein Denken ist, ist es auch kein Nickerchen. Die Praxis von Zazen besteht einfach darin, mit einem einzigen Geist zu sitzen und mit Knochen und Muskeln die korrekte Zazen-Haltung beizubehalten.

Außerdem ist es von größter Wichtigkeit, in Zazen überhaupt nicht über sich selbst nachzudenken. Über die Ergebnisse Ihres Zazen nachzudenken, indem Sie denken: „Ich bin ruhig“ oder „Ich bin nicht ruhig“. Solche Gedanken sind nicht nur irrelevant, sondern sie schaden Ihrem Zazen und führen dazu, dass Sie völlig abseits des Weges. Zazen hat nichts damit zu tun, über Ergebnisse nachzudenken: Man sollte einfach nur sitzen und darauf bedacht sein, mit Knochen und Muskeln die richtige Haltung aufrechtzuerhalten.

Aber vielleicht fühlen Sie sich unzufrieden bei der Aussicht, sich nicht selbst beobachten zu können und einige Ergebnisse Ihres Zazen zu sehen. Das ist ganz natürlich, denn Zazen wirft das kleine Selbst beiseite, das nach Befriedigung strebt, und offenbart die Reinheit des Lebens als Leben. Die Wirklichkeit des unermesslichen und grenzenlosen Lebens besteht nicht darin, Ihre kleinen Wünsche zu befriedigen. Nur wenn Sie all diese Ideen verwerfen und loslassen können, wird Ihr Leben Frieden in der Reinheit des vollen Lebens finden. Aufgrund des menschlichen Denkens und der Verblendung von Sein und

Nichtsein ist unser Leben in Ängsten gefangen und wird in Leiden, Konflikte, Hoffnungslosigkeit und Verzweiflung hineingezogen. Deshalb entdecken wir in der Haltung, die unsere Vorstellungen loslässt, den absoluten Frieden des Lebens.

Doch dieser Friede ist nicht das Beenden oder Auslöschen des Lebens; er ist keine Abgeschiedenheit oder Flucht. Im Gegenteil, das Leben des Friedens ist die freie Verwirklichung des Lebens und keineswegs ein Verlust des Bewusstseins. Vielmehr spiegelt sich der bedingte Ursprung selbst, die ganze Wirklichkeit, wie sie ist, ungestört von unseren Vorstellungen. Es ist wie ein klarer Spiegel, der einfach alle Dinge so reflektiert, wie sie sind, ohne an irgendetwas zu haften. Auf diese Weise ist Zazen die eigentliche Praxis des mittleren Weges, losgelöst von den Ansichten über Existenz und Nichtexistenz.

Dass dieser mittlere Weg die wahre Lebensweise ist, zeigt sich sogar in unserem täglichen Leben. Das Autofahren ist ein Beispiel dafür. Wenn wir in Gedanken versunken sind, wenn wir angespannt sind, wenn also das Leben durch unsere Gedanken aufgewühlt ist, dann wird das unser Fahren beeinträchtigen und gefährlich machen. Gleichzeitig ist es aber auch gefährlich, im Schlaf oder betrunken Auto zu fahren, das heißt, zu fahren, wenn das Leben dumpf und unklar ist. Nur wenn wir weder aufgeregt noch trübe sind, wenn wir ruhig, aufmerksam und voll bewusst sind, dann können wir sicher fahren.

Diese Art von Beispiel aus dem täglichen Leben ermöglicht es uns, die Zazen-Haltung konkret zu verstehen, die Haltung, in der wir die Kraft unseres Lebens am natürlichsten und reinsten verwirklichen.

Zazen als Religion

Hinter Zazen steht die Religion des Buddhismus, und hinter dem Buddhismus muss unser eigenes Leben stehen. Folglich ist wahres buddhistisches Zazen nicht als ein Mittel zur geistigen Disziplin oder körperlichen Gesundheit gedacht. Die Vorstellung, dass es einen Geist gibt, der trainiert werden muss, und einen Körper, der gesund gemacht werden muss, ist ein Ausdruck der „Sichtweise der Existenz“, die, wie wir gesagt haben, eine Vielzahl von akkumulierbaren Dingen voraussetzt. Und der Wunsch, diesen Körper und Geist zu trainieren, ist nichts anderes als unser eigenes egoistisches Verlangen. Für Zazen als Religion ist es ein vorrangiges Anliegen, gerade diese egozentrische Denkweise, die an Körper und Geist haftet, auszutreiben.

Zazen, das alle unsere menschlichen Konzepte loslässt, ist die primäre Grundlage unseres Lebens; und als solche wacht es über uns, leitet uns und gibt unserem eigenen Leben und der Gesellschaft Kraft. Dies ist das wahre

Bild des Buddhismus als einer Religion. Daher können wir sagen, dass Zazen für den Buddhisten das ist, was Gott für den Christen ist. In Psalm 46:10 heißt es: „Sei still und wisse, dass ich Gott bin“, und Zazen verwirklicht es gewiss. Wiederum heißt es: „Das Reich Gottes kommt nicht durch Beobachtung. Man wird auch nicht sagen: Siehe hier!, oder: Da ist es! Denn sehet, das Reich Gottes ist inwendig in euch.“ (Lukas 17:21) In Zazen können wir dieses „Reich Gottes“ in uns sehen.

In Matthäus 6:5-7 finden wir diesen Abschnitt: „Und wenn du betest, sollst du nicht sein wie die Heuchler; denn sie lieben es, im Stehen zu beten in den Synagogen und an den Ecken der Gassen, damit sie von den Menschen gesehen werden. Wahrlich, ich sage euch, sie haben ihren Lohn. Du aber, wenn du betest, gehe in dein Kämmerlein und schließe die Tür zu und bete zu deinem Vater, der im Verborgenen ist; und dein Vater, der im Verborgenen sieht, wird es dir vergelten. Wenn ihr aber betet, sollt ihr nicht eitle Wiederholungen machen, wie es die Heiden tun.“

Es gibt keinen reineren tatsächlichen Ausdruck dieser Art von Gebetshaltung als Zazen.

„Oh mein Vater ... nicht wie ich will, sondern wie du willst.“ (Matthäus 26:39)

„Gott sei mir Sünder gnädig.“ (Lukas 18:13)

„Vater unser im Himmel, geheiligt werde Dein Name, Dein Reich komme. Dein Wille geschehe auf Erden wie im Himmel.“ (Matthäus 6:9–10)

Dieser reine Inhalt des Gebets ist in der Zazen-Form enthalten. Doch wie kann das Zazen, das wir, die wir in Sünde gefallen sind, praktizieren, das enthalten, was sich Gott selbst nähert? Das ist, wie wir sehen werden, durch die Unterstützung des religiösen Gelübdes und der Reue möglich. Anders ausgedrückt können wir sagen, dass es wirklich religiöses Zazen ist, wenn es mit dem religiösen Gelübde und der Reue praktiziert wird.

Religiöse Gelübde

Wie wir gesagt haben, vertreibt Zazen das Verlangen. Indem wir das Verlangen loslassen, verzichten wir auf jede menschliche Überheblichkeit vor Gott. In diesem Akt sagen wir: „Wie du willst“, und zum ersten Mal: „Die Werke Gottes sind offenbar geworden.“ (Johannes 9:3)

In welcher Form manifestieren sich dann die Werke Gottes in Zazen? Das wird klar, wenn wir die Lebensweise, die auf Zazen basiert, mit der vergleichen, die auf anderen Prinzipien beruht. Gewöhnlich teilen wir die Welt auf der Grundlage unserer Gedanken in dies und das ein. Aber das Denken aufzugeben, frei vom Denken zu sein, bedeutet, vor dem Denken zu sein und damit vor der Unterteilung der Dinge in dies und das. Wir können also sagen, dass es, wenn wir Zazen praktizieren, noch keine Trennung zwischen Jetzt und Ewigkeit oder zwischen dem Selbst und der Welt gibt. Diese Art zu sprechen mag wie eine bloße Theorie klingen; aber für den Zazen-

Übenden ist dies keine logische Schlussfolgerung, sondern eine direkte persönliche Erfahrung, die er in Zazen macht.

Außerdem bedeutet die Aussage, dass Zazen vor der Trennung der Dinge liegt, nicht, dass wir in Zazen kein Bewusstsein haben. Denn in Zazen manifestiert sich das Leben wahrhaftig, alle Dinge spiegeln sich hier wider, und das Selbst ist hier und jetzt völlig offensichtlich. Aber was bedeutet es, zu sagen, dass wir in Zazen gleichzeitig vor der Trennung der Dinge stehen und dennoch dieses Selbst hier und jetzt nicht aus den Augen verlieren? Es bedeutet, dass dieses Selbst – hier und jetzt – die Ewigkeit ist, die Welt, alles Leben.

Das ist eine bemerkenswerte Sache. Denn auch hier sprechen wir nicht von einer logischen Identität, sondern tatsächlich *ist* Zazen diese Identität; und weil das so ist, können wir beim Üben von Zazen zu einer unmittelbaren Erfahrung des Selbst als der Person (Persona) kommen, in der Jetzt und Ewigkeit vereinigt sind. Die Religion des Zazen zu leben bedeutet also die Realität, wie das Selbst als personifizierte Einheit von Jetzt und Ewigkeit in der alltäglichen Welt tatsächlich zu wirken hat. Von Zazen bewacht und geleitet zu leben, bedeutet, für die Freiheit von den Begierden zu leben, die immer in uns wüten, und gleichzeitig so zu handeln, dass Gegenwart und Ewigkeit eins sind.

Da wir das, was der Teilung vorausgeht, als Wahrheit annehmen, werden wir keine Objekte der Begierde, keine Gegner und Konkurrenten heraufbeschwören. Solange wir diesem Weg folgen, werden wir nicht unter der Last von Gier, Ungeduld und Eifersucht leiden; wir werden uns nicht gegenseitig betrügen, täuschen, verletzen und töten; vielmehr werden wir, wenn wir uns an das wahre Selbst halten, in vollkommenem Frieden ruhen. Doch gleichzeitig werden wir uns unablässig bemühen; denn wir arbeiten auf die Verwirklichung jenes lebendigen und unmittelbaren Selbst hin, in dem Jetzt und Ewigkeit vereint sind.

Hier finden wir unser Leben als Persona – ein Leben, in dem wir voranschreiten, während wir in Frieden sind, und indem wir in Frieden sind, während wir voranschreiten. Der Zen-Meister Dôgen nennt diesen Weg die Einheit von Schulung und Erleuchtung (*shushô ichinyo*). Es ist in der Tat die Struktur der Verwirklichung des Lebens.

Dôgen sagt: „Die Aktivität des Buddha ist die gleiche wie die der gesamten Erde und aller fühlenden Wesen. Wenn sie nicht mit allen Dingen übereinstimmt, ist sie nicht die Tätigkeit des Buddha." (*Shôbôgenzô*, „Yuibutsu Yobutsu"). Diese Lehre, die die Grundlage des täglichen Lebens bildet, ist für jemanden, der wahres Zazen praktiziert, nicht nur theoretisch; er bestätigt sie als tatsächliche Erfahrung und setzt sie in der Welt um. Im Einklang mit der ganzen Erde und mit allen fühlenden Wesen zu handeln, ist für den Zazen-Schüler der Kurs seines ganzen Lebens und zugleich seine Ausrichtung im Hier und Jetzt. Diese Art zu leben nennt der Buddhismus das Gelübde (*seigan*).

Obwohl ich oben von Zazen als Religion gesprochen habe und Passagen aus der Bibel eingefügt habe, sollte darauf hingewiesen werden, dass sich der Weg des Zazen in diesem Leben, in dem man nach einem Gelübde lebt, ziemlich vom christlichen religiösen Leben unterscheidet. Denn im Buddhismus gibt es keinen Begriff des Opfers. Was der Christ im Geiste des Opfers macht, tut der Buddhist auf der Grundlage seines Gelübdes. Beim Opfern werden „Ich" und „Du" zuerst getrennt, und dann wird „Ich" in den Dienst von „Du" gestellt. Doch im Buddhismus gibt es keine „Ich-Du"-Unterscheidung, sondern nur ein Leben vor der Trennung. So können wir sagen, dass die Begegnung zwischen „Ich" und „Du" wie die zwischen einer Mutter und ihrem Kind ist.

Die Mutter verleugnet sich nicht um ihres Kindes willen, sondern sie sorgt für ihr eigenes Leben, indem sie über das Kind wacht. Das Lotus-Sutra sagt: „Die drei Welten sind mein Besitz, und die fühlenden Wesen darin sind alle meine Kinder." Dies ist der wesentliche Geist des Buddhismus; und die Quelle dieser Art von Geist ist nichts anderes als die Zazen-Praxis, die allen Unterscheidungen vorausgeht.

Wer kraft des Gelübdes Zazen sitzt, sieht in allen Begegnungen, ob mit Dingen, Ereignissen, Personen oder Gesellschaften, nichts als sein eigenes Leben. Daher arbeitet er mit dem Geist, mit dem er sich um sein eigenes Leben kümmert. Wie eine Mutter, die sich um ihr Kind bemüht, leistet er unermüdlichen Dienst, ohne eine Bedingung zu stellen und ohne eine Gegenleistung zu verlangen.

Wir gehen sorgsam mit den Dingen um, widmen uns unserer Arbeit, lieben die Menschen, denen wir begegnen, und kümmern uns um die Gesellschaft – doch niemals aus Gier oder Ruhmsucht. Wir kümmern uns um unser eigenes Leben und arbeiten daran, die Blume unseres Lebens erblühen und das Licht des Buddha bei jeder Gelegenheit scheinen zu lassen. Das ist der Sinn der Tätigkeit des Buddha im Einklang mit der Erde und allen Wesen; und für den, der Zazen sitzt, ist es zugleich das Ziel seiner täglichen Aktivität sowie das erklärte Ziel seines ganzen Lebens. Dieser Weg des Gelübdes wird durch Zazen zu unserem eigenen.

Buße (Reue)

Obwohl wir in Zazen auf das Wirken des Buddha hinweisen, sind unsere eigenen Handlungen keineswegs die perfekten Handlungen des Buddha. Zu denken, dass wir perfektes Handeln erreicht haben, ist einfach eine Sünde der Arroganz vor Zazen. Denn dieser Gedanke ist ja nichts anderes als unser eigenes menschliches Urteilsvermögen. Wenn wir aber das Zazen-Gelübde abgelegt haben, können wir nicht anders, als unser Versagen zu bereuen, das Gelübde nicht voll zu verwirklichen.

Doch wenn wir sagen: „Es tut mir leid. Ich habe versagt“, ist die Sache dann erledigt? Nein, vor dem Absoluten ist das nicht ausreichend. Ein Taschendieb kann vor dem Bandenchef sagen: „Es tut mir leid, ich habe es vermasselt.“ Ein Soldat kann vor dem Kriegsgericht sagen: „Es tut mir leid, ich war nicht mutig genug, den Feind zu töten.“ Diese Art der Entschuldigung basiert nur auf einem relativen Standard, der der Situation angemessen ist. Vor dem Absoluten ist sie bedeutungslos.

Wahre Reue ist keine Entschuldigung; sie besteht darin, als Sünder vor dem Absoluten zu stehen und das Licht des Absoluten auf sich scheinen zu lassen. Was bedeutet es, das Licht des Absoluten scheinen zu lassen? Im *Kanfugen bosatsu gyôhô kyô* (*Samantabhadra Bodhisattva Dhyana Sutra*) heißt es: „Wenn jemand Buße tun will, sollte er in Zazen sitzen und über die wahre Natur aller Dinge meditieren.“ Das heißt, Zazen zu praktizieren ist selbst die Verwirklichung wahrer Reue.

Wir, die wir in Zazen sitzen, legen in Zazen ein Gelübde ab, das unserem Leben die Richtung vorgibt, und gleichzeitig kehren wir in unseren Handlungen der Reue zu diesem Zazen zurück. So ist das Leben der Reue und des Gelübdes, bewacht, geführt und gestärkt durch Zazen, das religiöse Leben des Buddhisten. Ohne das Gelübde gäbe es kein Vorankommen; ohne Reue würde man den Weg verlieren. Das Gelübde gibt uns Mut; die Reue zermalmt unseren Eigendünkel – unser religiöses Leben muss diese Art von Lebendigkeit annehmen.

Vor dem Absoluten zu sagen:
„Es tut mir leid, ich habe es vermasselt", ist sinnlos.

Der Bodhisattva – Dreifacher Geist

Jemand, der die Richtung seines Lebens in Zazen findet und gleichzeitig durch Buße in Zazen lebt, wird ein Bosatsu (Bodhisattva) genannt. Ein Bosatsu ist ein gewöhnlicher Mensch, der die Richtung seines Lebens in Buddha – d.h. in Zazen – gefunden hat. Obwohl er ein gewöhnlicher Mensch ist, ändert sich die Bedeutung seines Lebens in dem Maße, in dem er nach seinem Gelübde lebt. Daher wird er „einer, der nach Gelübden lebt" (*gansho no bosatsu*) genannt, im Unterschied zu dem Menschen, der sein Karma lebt (*gosshô no bonpu*). Wir müssen uns also nicht selbst missbilligen, indem wir sagen: „Ich bin nur ein gewöhnlicher Mensch und daher nicht qualifiziert, ein Bodhisattva zu sein." Weil wir gewöhnliche Menschen sind, besitzen wir diesen gegenwärtig lebenden irdischen Körper; aber weil wir die Richtung des Buddha (d.h. Zazen) suchen, können wir unsere Bemühungen in Frieden unternehmen. Folglich streben wir, die wir Zazen praktizieren, ohne Vorbehalt danach, Bodhisattvas zu sein. Im *Tenzo Kyôkun* (Unterweisung für den Koch) spricht Dôgen Zenji über den Geist des tatsächlichen Lebens eines Bodhisattvas in Form der Drei Geiste (*sanshin*): der Große Geist (*daishin*), der Geist der Zärtlichkeit (*roshin*) und der Geist der Freude (*kishin*). Diese Lehre bildet einen wahrhaft passenden Abschluss für das, was wir besprochen haben.

Der Große Geist ist der Geist, der nicht unterscheidet: Ich mag dies, ich mag jenes nicht; ich will dies, ich will jenes nicht – ohne diese Art von Unterscheidungen zu treffen, sieht der Mensch mit dem Großen Geist alles als sein eigenes Leben an; denn alles, was ihm begegnet, existiert in seiner eigenen persönlichen Erfahrung. Ja, mein Leben ist nicht bloß auf diesen einen menschlichen Körper beschränkt, auf das Pulsieren seines Herzens. Mein Leben kann nur in jeder Erfahrung, in jeder Aktivität des Lebens sein. Das Leben drückt sich aus und offenbart sich in jeder Erfahrung einer Begegnung. Wenn man im Buddhismus sagt, dass das Selbst in sich selbst ruht, bedeutet dies, dass das Universum in sich selbst ruht. Der Geist, der das Selbst und alle Dinge als eins sieht, der nicht unterscheidet, sondern jede Begegnung als sein eigenes Leben ansieht, und der, wie sehr er auch schwanken mag, immer danach strebt, dieses Leben zu manifestieren – das ist der große Geist des Bosatsu.

Der Große Geist funktioniert natürlich als der Geist der Zärtlichkeit. Der Geist der Zärtlichkeit ist die Haltung, mit der sich die Eltern um ihr Kind kümmern, mit Sorgfalt und Aufmerksamkeit für jedes Detail. Wie wir oben gesagt haben, macht Zazen keine Unterscheidungen, aber das ist kein Verlust des Bewusstseins. Es ist vielmehr ein ständiges Bewusstsein der lebendigen Gegenwart. Wie können wir das Hier und Jetzt als eine ewige und universelle Seinsweise zum Ausdruck bringen? Darauf müssen wir genau achten. Das heißt, der Mensch, der Zazen praktiziert, zeigt in seiner Lebensweise bei jeder Begegnung Achtsamkeit, Rücksichtnahme und Mitgefühl und arbeitet daran, die Blume des Lebens erblühen zu lassen. Dies ist der Geist der elterlichen Zärtlichkeit.

In diesem Geist der Zärtlichkeit liegt der wahre Wert des Lebens – der Geist der Freude. Der freudige Geist ist nicht die erregte Freude des Begehrens. Es ist vielmehr vitale Begeisterung und das Gefühl des eigenen Wertes, das man in der Sorgfalt findet, mit der man sich jeder Begegnung widmet. Man sagt, dass eine Frau erst erwachsen ist und den Wert ihres Lebens erkennt, wenn sie Mutter wird. In ähnlicher Weise entdecken wir zum ersten Mal die wahre Freude, den Wert und die Leidenschaft – werden wir also erwachsen –, wenn jede Begegnung zu unserem eigenen Leben wird, zu unserem eigenen Kind, über das wir mit Sorgfalt wachen. Großer Geist, Zärtlichkeit und Freude – diese drei Geisteshaltungen sind der sichere Besitz des Bosatsu, der den Weg des Buddha sucht.

Um das Gesagte abzuschließen, müssen wir noch einmal über die moderne Zivilisation und die Frage des menschlichen Fortschritts nachdenken. Wie wir eingangs sagten, ist der menschliche Fortschritt keineswegs mit dem Fortschritt der Naturwissenschaften gleichzusetzen, und er folgt auch nicht dem Weg des Fortschritts der wissenschaftlichen Zivilisation. Liegt der Fortschritt des Menschen nicht vielmehr in der Frage, wie jeder Mensch erwachsen werden soll? Doch sehen Sie sich den Zustand der Menschen heute an: Sie sind ihren Begierden völlig ausgeliefert, arbeiten nur aus Egoismus, schimpfen und verletzen sich gegenseitig wie ein Haufen Kinder.

Was bedeutet es für den Menschen von heute, erwachsen zu werden? Wie ich soeben sagte, bedeutet es nichts anderes, als ein Bosatsu zu werden, der in jeder Begegnung sein eigenes Kind sieht, sich um dieses Kind kümmert und in dieser Tätigkeit seine Freude und Leidenschaft findet. Wenn die Welt zu einer Welt von Bodhisattva-Erwachsenen wird, in der wir übereinander wachen, füreinander sorgen und füreinander arbeiten, wird der Mensch erwachsen geworden sein, und wir können mit Recht sagen, dass es einen menschlichen Fortschritt gegeben hat. Ich schlage vor, dass dieses Bild des Bosatsu, der durch Zazen bewacht und geleitet wird, der durch sein Gelübde und seine Reue in Zazen lebt, ein für das kommende Zeitalter wesentliches Ideal darstellt. Was meinen Sie dazu?

***

Kôshô Uchiyama im Angkor Verlag

Das Leben meistern durch Zazen. 15 €
Zen für Küche und Leben: Kommentare zu Dôgens Tenzo Kyôkun. 15 €
Leben aus vollem Herzen: Kommentare zu Dôgens Bendôwa. 20 €
Die Zen-Lehre des Landstreichers Kôdô. 15 €

Alle Titel sind auch als E-Books erhältlich.